Hans Schliessmann

Schliessmann-Album

Hans Schliessmann

Schliessmann-Album

ISBN/EAN: 9783743424401

Hergestellt in Europa, USA, Kanada, Australien, Japan

Cover: Foto ©ninafisch / pixelio.de

Manufactured and distributed by brebook publishing software (www.brebook.com)

Hans Schliessmann

Schliessmann-Album

Druck von R. v. Waldheim in Wien

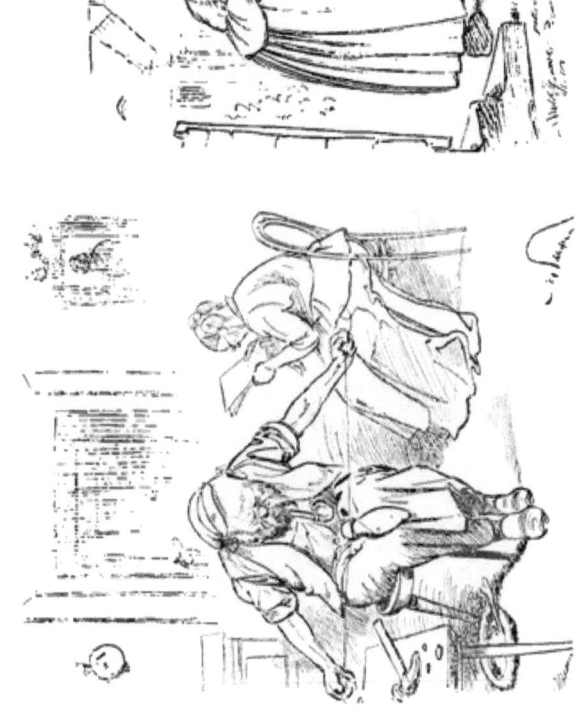

Ein Ausweg.

— Haben So Ihner net auch um den magistratischen Tugendpreis beworben, Fräul'n Hamerl?
— Ja, aber ich hab' nix 'kriegt, 's sein ja zu viel' Bewerberinnen.
— Gelten S', 's war halt angezeigt, daß auch kleinere Nebenpreis' waren — für minder Tugendhafte . . .?

Wink für „amerikanische" Duellanten.

— Elender! Sie wandeln noch immer unter den Lebenden? Sie hätten sich doch, da Sie die schwarze Kugel gezogen, unseren Vereinbarungen gemäß, schon vor acht Tagen eine Kugel durch den Schädel jagen sollen?!
— Hab's auch öftens versucht, bin aber leider schlechter Schütze, daher jedesmal vorbeigeschossen . . .

Unbegreiflich.

— Kaafen's ſcheene Taschentücher, ſcheene?
— Er Tölpel! Wor kann er sich unterstehen, da herein-zudringen? Kann er nicht lesen? Auf dem Gartentor steht ausdrücklich: Entrée défendu.

Milderungsgrund.

— Bah, Kerl, Du hast dem Herrn 's Sacktuch ziehn wollen?
— Meiner Ehr, nur aus lauter Noth, denn i hab' a damische Schnupfen.

Sonntag Nachmittag auf der „Tramway".

Nach Besteuerung der böhmischen Wandermusikanten.

Ein Passant: Aber Leuteln, um Himmelswillen, blas't doch nicht so entsetzlich häßlich, man kommt ja um die Ohren. — Ein Musikant: Ahr, den thun mer ja zum Fleiß weil in Nähe is den Steueramt.

Wiener Kutschbock-Studien.

Freundschaftlicher Rath.

— Lass'n S' Ihner nur photographiren, Herr Gigerl
maler, drum S' auf 'n Kar oder wohin wo anmeld'n,
daß, wenn S' wo umsinzen, gleich Ihner Bild 1 für d' Zei
tung da is?

Zwischen zwei „Gigerln".

— Sichan' Wie Rubinstein's Klavierkonzert anise
willen?
— Jammvoll!
— Meine jein Spiel?
— Pardon! Hab' ach ganz überhort

Zwischen zwei Gigerln.

Hast heuer schon Bälle besucht?
Hab' ja doch kranken Fuß!
Was hast an Fuß?
Schmerzhafte Nägelmerze
— Da kannst doch wenigstens Walzenball mitmachen
können.

Nach vornehmem Muster.

Zahlkellner: Thut mir leid', Herr von Gigerl, jetzt
kann ich mich nimmer weiter einlassen, sondern muß Sie
bitten, an die Begleichung Ihrer Rechnung zu denken.
Herr von Gigerl: Mensch! sind Sie von Sinnen? Habe
ich Ihnen nicht gesagt, daß ein Ebonkel von mir in
Amerika ausgedehnte Chokolade-Theemen und ein Siegel
lack Bergwert besitzt?

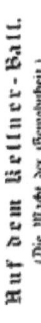

Auf dem Kellner-Ball.
(Die Macht der Gewohnheit.)

Der eine Ballgast: Kellner, zahlen!
Ein eben vorbeitanzender Kellner: Moment, bitte – – Gleich – – !

Die vier Elemente eines Lumpen.

Im Veit'l ha'm f' mi g'wassert,
An d' Erden g'haut zulezt
Dann ha'm f' mi auffigfeuert.
An d' Luft bin i jezt g'iezt . .
              Dulliäh . . .!

Das Feuernehmen.

1. Im Salon.   2. Im Winde.   3. Wenn man das Feuerzeug vergessen.

4. Im Café.   5. Mit der Lunte.   6. Am Gasarm.

7. Bei der Prysma.   8. Mit dem Zündstein.   9. An der Lampe.

Im Dorfwirthshause.

Herr Stieglitz: No, was is's denn Fräul'n Schwammerl? Jetzt kenn' i mi no immer net aus, dürfen d' Lehrerinnen heiraten oder net?
Fräulein Schwammerl: Natürlich dürfen wir heiraten!
Herr Stieglitz: Alsdann warum heiraten's denn dann net, Fräul'n Schwammerl?

Vom Wiener Naschmarkt.

Zuckerlin Traup'n gibt, bö dreihundertmal süaßer san, als wia der Zucker....?!"
Da schau S'e aahm an! Mei' Weanderl wüa'n cahm s'anner! Glaubst eppev der g'schprachliche Lugenjuuker, daß 's a schön

— Dös kannst m'r glauben! Wann i no amal auf d'Welt kumm' a Fleischhauer wier' i nimmer.

— Was denn?

— A Briefträger.

Wa—as?

— Ja, a Briefträger, wal m'r ös ewige Frozlerei wegen mein' Zuckerzeng'l schon z'dumm wird…!

Bureaukratische Täuschung.

„So ein Urlaub ist doch eine gar zu schöne Erfindung! Ich bedauere nur meine armen Beamten."

wie die jetzt bei der Hitze im Bureau schwitzen werden.

Beim Heurigen.

Scharf gestichelt.

Der Bauer: Schau'n's, das is so Kunstwein — dös is a reiner Naturwein.
Der Wiener (nachdem er den Wein verkostet hat): Glaub's schon! So ein' Bauer'n Wein bringt ja die Kunst gar net z'samm'.

Junger Mann: Ach, Fräulein Amanda, wenn Sie mir nicht heute den von mir erbetenen Kuß geben, so tödte ich mich an Ihnen schrecklich, ich laue Ihnen nach meinem Tode meinen Geist erscheinen Fräulein Amanda: Lieber von Ritterspoln, warum thun Sie dies nicht zu Ihren Lebzeiten?

„Pschütt."

Jeder „Gigerl" muß mit farbigen, sei denen Strümpfen versehen sein, und um diese sichtbar zu machen, namentlich beim Sitzen, eine entsprechende, ungezwungene Stellung wählen.

Die Handschuhe müssen in der rechten Hinterkrempe stecken.

Der Ueberzieher muß kürzer als der Salonrock, der Winterrock dagegen sehr lang sein.

Die Haare sind in die Stirne zu kämmen, damit das Gesicht einen unnatürlich schmalweißen Ausdruck bekommt.

Bei Regenwetter darf der Schirm nicht in Gebrauch kommen.

Zum oder vom Turf müssen drei „Gigerl" zusammen einen Fiaker miethen, weil das ungemein pschütt ist.

Für den theaterbesuchenden „Gigerl" ist es von höchster Wichtigkeit, sich eines Sitzes in der ersten Parquetreihe zu versichern, weil es „pschütt" ist, im Zwischenakte auf der Deckenbemalung zu sitzen.

Handedruck. Dabei ist zu beachten, daß der Arm in einem Winkel von 45 Grad nach Oben hin zu heben kommt.

Wiener Gauner-Kneipe.

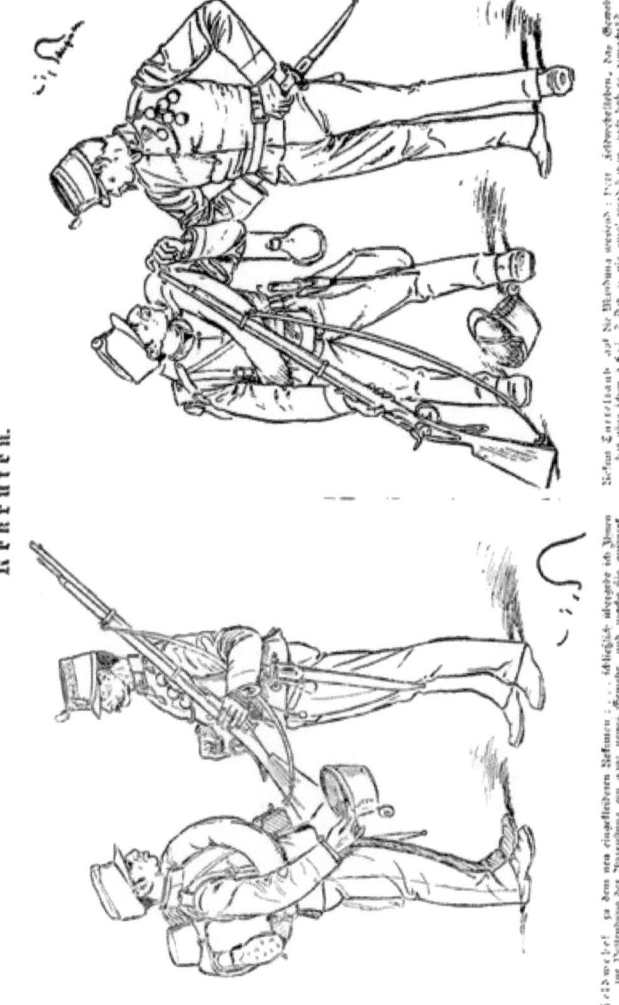

Das durstige Quartett.

I.

II.

Die harmlosen Zuhörer sind anfangs der Anschauung, ein Quartett spielen zu sehen,

werden aber im Verlaufe mißtrauisch gegen ihr Gehör, das ihnen nur den Genuß eines Terzettes dankend quittirt

III.

IV.

Geben sich schließlich der zweifellosen Ueberzeugung hin, daß sie nur ein Solches genießen, und forschen nach der Ursache.

die darin liegt, daß von den Mitgliedern des terzettirenden Quartettes immer ein Künstler aus dem andern auf einem sehr beliebten Blechinstrumente pausirt.

Am Assentplatze.

Der aus dem Assentzimmer Herauskommende: Jetzt wogt's wenigstens definitiv: Mir an Krieg is 's damrrl lang nij.
Einige seiner Freunde: Hast das von der Assentkommission erfahren?
Der Erstere: G'sagt haben s' mir 's net, aber b'halten haben s' mi net ...!

Gegenkompliment.

Ich, Madam Leonie, wie natürlich sind Sie kommen. Sie sehen aus wie eine wirkliche Madam'!
Herr Eduard scheinen nicht nur heute, sondern ganz ein Dolter zu sein.

Im Circus.

— Du, Vatter, warum heißt denn der Schimmel der „Nudelbrettschimmel"?
— Weil er a Nudelbrett auf'm Buck'l hat.
— Du — Vatter . . .?
— No, was willst denn immer?
— Von heut' an — mag ich — keine Nudeln mehr . . .

Hausmeister-Logik.

Auf einem Elite-Maskenballe.

Der Hausmeister: Schau' mal, Alte, da krieg' i an' Zettel, daß i zwa Gulden Stras' zahlen muaß, wann i 's Trottoir net kehr'. Und dabei steht, daß i wieder lebenslang im Häfl z' sitz', wann i zwa Gulden zahlen muaß. Wann i net kehr', zahl' i zwa Gulden, wann i wieder kehr'n thua, muaß i sünf Gulden zahl'n. Woza, da will i lieber net kehr'n.

— Wie, üppige Tochter Libussa's? Du willst jetzt schon fort, ohne mir früher Dein Incognito zu lüften?
— Lustra's mich! Heute is ganze Watsch' und meine Guldnac hat gleich schreckliche Goscheu, wann ich mir am Picric schon ich in Waschhadrl!

Geistreiche Unterhaltung.

Wissen Sie denn aber von gar nichts Anderem zu erzählen, Herr von Tinterl, als vom Wetter!
Ah verfluchten Bühneraugen bringen mich immer wieder auf dieses Thema.

Gigerl-Neuheiten.

Die Uhr als Krawatten-Nadel.   Die Uhr im Stiefelabsatz.

— Ah — Pardon, mein Herr wie viel Uhr habe ich?   Incroyabler Vater: Sieht schon wieder und genau ein mit ihm beim Schuster gewesen

Vom Exerzirplatz.

— Infanterist Gagelbaumer, Sie stehen ja da beim trockensten Wetter, wie ein angeregneter Pudel! Wie werden Sie erst im Kugelregen dastehen . . . ?!

Aufsitzer.

Die Bauern: Gestern hat's in unserer G'moan brennt; mir wöll'n uns deswegen heunt Alli verassek'rir'n lassen.
Der Assekuranzbeamte: Sehr schön! Das hätten Sie aber lieber vorgestern thun sollen! Heute ist es schon etwas spät?
Ein Bauer: I bitei! 's is uns ja zum Glück nix Anderes abrunna, als unsri Feuerspritzen . . . .

Auf der Börse.

Lieber Feigelstock, wie nehmen Sie baaren Kredou Aktien?
— Erstens bin ich nit mir Ihr Lieber, zweitens bin ich nit Ihr Feigelstock, — denn ich bin der Herr Baron Feigelstock. — übrigens, Brüderleben, wie wollen Sie se geben?

Freundesrath.

Glaubst, kennt' sich nit kummen in a Schlamassel? Ich will gewinnen bei der Lieferung unten in de Sack' a schlechtes Mehl und oben a gutes?
— Chamer was De bist! Oben gibt a schlechtes for gutes und unten noch a schlechteres.

Von der Kochkunst-Ausstellung.

Du sieh 'mal, frische, lebende Forellen — das ist interessant!
— Laß mich! Ich sehe dort eben ein Paar frische, lebende Backfische — das ist jedenfalls etwas Interessanteres.

Wiener Straßenbilder.
II.

Die Veteranen kommen!

Wiener Straßenbilder.

III.

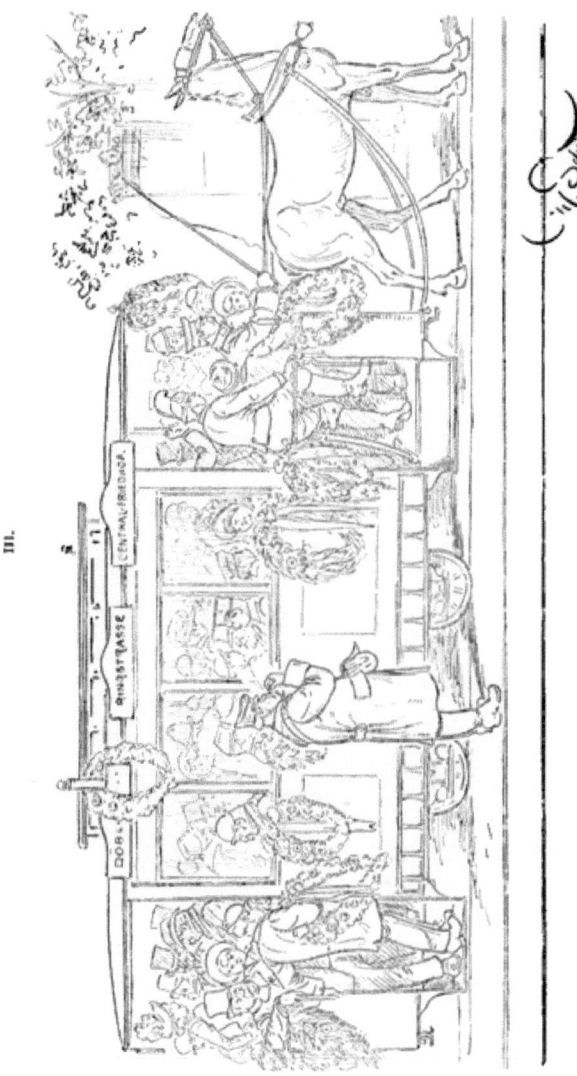

Von Mariselcentrage.

Wiener Straßenbilder.
IV.

Straßenkehrer.

Wiener Straßenbilder.

V.

Pflasterer.

VI.

Fiaker.

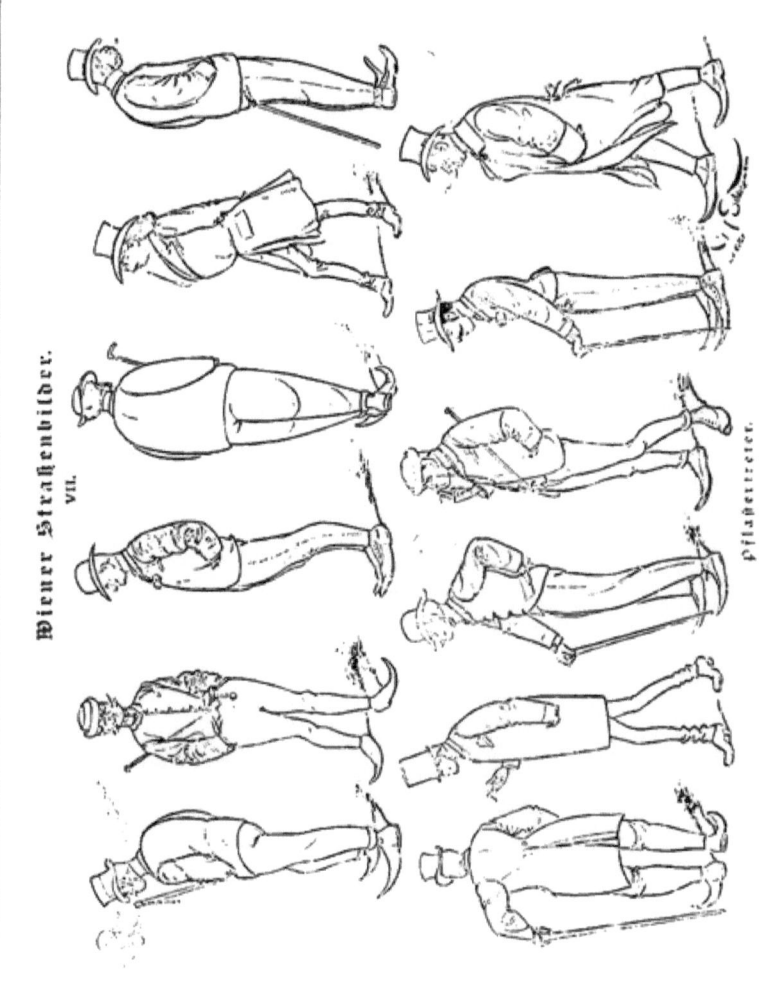

Kaiserlich-Königliches.
(Silhouetten von der Straße.)

Die „Schrammeln" beim Wäschermädlball.

Aufforderung zum Tanz.

Auf dem Dampfschiffahrts-Ball.

Herr: Haben Sie die Güte, meine Gnädige, mich beim großen Kotillon in's Schleppthau zu nehmen?

Auf dem Fiaker-Ball.

Fiaker: Bitt' schön, Frau von Schnalzer, um a Tanz'-Trabeerl.

Auf dem Kellner-Ball (bei der Damenwahl).

Fräulein: Herr Jean, darf ich bitten?
Kellner: Bitte sehr, bitte gleich!

Auf dem Detektiv-Kränzchen.

Detektiv: Mein Fräulein, im Namen des Gesetzes verhafte ich Sie für die nächste Walzertour!

Wie sich Fräulein Karoline einen wüthenden „Elephanten" vorstellt.

„Sali, weißte um was mi wird sein lad, wenn wer' ich haben meine drei Jahr' 'runter-
g'rissen und muß dann wiede af zu Haus als Zibilist?
— No, um was denn anders, als um mi?!
— Natürlich! Abe noch mehr um den warmen Nachtmahl, was hab' ich g'habt bei Militär..!

Kleiner Beamter: Sie nehmen noch einen Lehrjungen auf? Ich möchte gerne meinen Sohn zu Ihnen in die Lehre geben. Wie lange müßte er denn lernen?
Der Uhrmacher: Fünf Jahr'.
Der Beamte: Wären nicht drei Jahr' genug? 's Kinderherumtragen hat er schon z'haus gelernt...

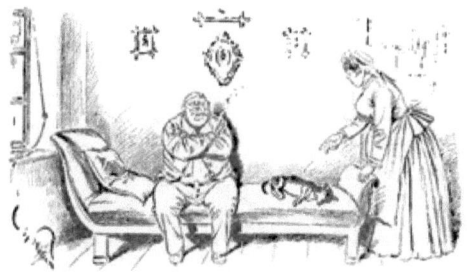

Der Gatte zu seiner helfenden Gattin: O du mein' Hemd is doch Sonntag und Deine Nähchen geht seit einer Glocken Stund'! I sag's ja, das Gesetz über die Sonntagsruh' hat eine gewaltige Lücke...!

Feldwebel: Also die neuen G'wehr' haben a z' großes Kaliber und sind zu schwer.
Infanterist: Wenn die Gewehre sind zu schwer, braucht man blos für zwa Mann namen zu geben a Gewehr...

In der Wärmestube.

— Mamme, mir is die Lein vier Kreuzer, geh n mer weiter?
— Warte doch, der Tate inducirt mit de Lourve.
— Ja, warum soll denn der Tate allein haben nur immer a Abwechslung.

Er: Wie kannst Du verlangen von mir, spazieren zu geh'n mit Dir in der Ringstraß? Du weißt es verschandeln erstens die Ringstraß und zweitens auch — mir …!

— Katzengold, haben Se auch überbracht dem Papagei gewissenhaft die gewisse "unzig Gulden?
— Jach hab' ihm gegeben nor vertzig.
— Worum haben Se ihn beraubt um zehn Gulden?
— Soll' ich mer epes bereiten a schloflose Nacht …?!

Baronchen, nur das kleine Extraordinarium von vierhundert Gulden für die Francine wäre zu begleichen — sonst haben Se keine Schmerzen?
Dafür habe ich von meinere letztwenigsten Spomnze acht Gulden erspart — ich habe mit das Geld zu Vollendung, Kaffee und Nebulatem bezwagen vom Munde absolaubt, hören Se mer auf mit diesen langweiligen Kapitel von unseren Finanzministere.

Wurst wider Wurst!

— Sind meine Stiefel endlich fertig?
— Sö san aber a schöne Kundschaft! Wollen kane vier Wochen warten, ich muß aber wenigstens immer a Vierteljahr warten, bis Sö mit a Paar Stiefel fertig san ...

Das beständige Einerlei.

— Peterl, warum schaust denn so namhavert d'rein?
— Wegen dem ewigen Sitzen. Gibt's ja sust, bleibt an' nir Anders übrig, als im Wirthshaus z'sitzen und hat m'r amal one, dann passiert's A'm wieder so leicht, daß m'r auf der Polizei sitzen muaß ...

Der Signal.

— Erlauben . . . . ?
— Die zwa Pläy' san b'legt.
— Ah, der Herr trinkt wahrscheinlich für Drei . . . . !

Heimkehr vom Lumpenball.

— Bester Herr Doktor, Sö haben's dahin'bracht, daß mein Todesurtheil in a lebenslängliche Kerkerstraf' umg'wandelt word'n is — i bitt' na a schöne Bitt' — wirken's mir beim hohen Gerichtshof die Einzelhaft aus, weil Ma' da a Drittel von der Strafzeit nachg'seg'n wird. ...

„Franzl der Talentlose."
(Zwölf Augenblicksbilder während eines Violin-Unterrichtes.)

Original-Modeblatt
für Gigerln und Solche, die es werden wollen.

Rasches Avancement.

Der General (gegenseitig vorstellend): Hier mein Adjutant, Lieutenant v. Schädel — hier meine Frau, die Generalin.
Der Lieutenant (ehrerbietig stammelnd): Ach, Euer Gnaden, noch so jung — und schon Generalin.

Bei der Schießübung.

Na, was hat er denn?
— Jach hob' gemeint, de koerperliche Zuchtigung is gekommen ab dem Militär?
— Natirlich!
— Was bekumm' ich denn von dem Schießgwari jedesmal a „Ohrfeig", so oft nach losdenk'..?

— Kellner! Noch paar Flaschen Wajn! Kann ich mich, batya teremtete, doch nicht lassen spotten, wenn ich schon war Derjenige, der hot gekriegt ersten Preis bey Maiwieh-Ausstellung.

Wiener Kaffeehausbilder.

I.

II.

Wiener Kaffeehausbilder.
III.

Im Nacht-Café.

Herzlos.

— Haben S' g'hört, heuer soll'n ja da Blumenmadeln ganz abgschafft wer'n?
— Das laßt, mer alten Huna schon bleiben, bis ma aussterben.
— Na, da schaut's halt dazu.

Schusterbuben-Humor.

Meine Damen, darf ich Sie begleiten?

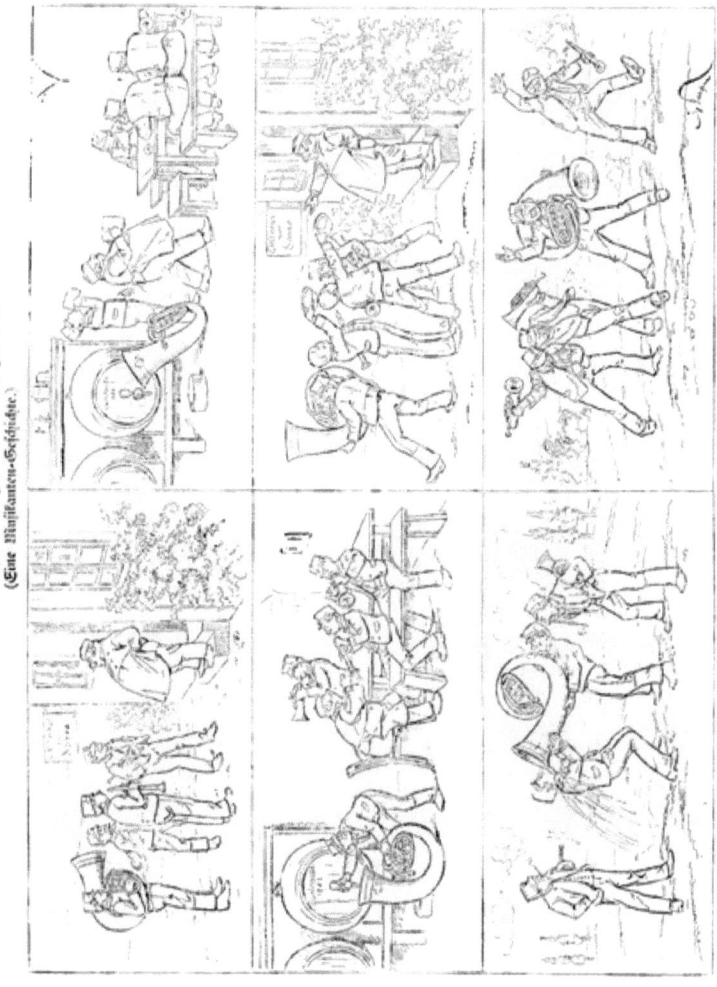

Die vorsorgliche Freundin.

— Aber, Schmerschl, was zagst Dr denn auf derer kalten Wäsch' die Häuptling net an?
— I kann ja net! I hab' ja d' Salatladi und 'n Griasstrudl von Dr drinnat.

Instruktions-Prüfung.

Major: Warum sind die Stabsoffiziere der Infanterie beritten?
Infanterist: Ich weiß's — aber ich trau mir's nit —
Major: Na, heraus damit!
Infanterist: Weil's zum marschieren g'wohnlich z'dick san.

Der Manöver-Feind.

Der Bauer: Is m'e load, daß s koa Kraut da auf mein' Acker an'baut hab'..
Der Soldat: Wizonz! Sauerkraut ist aun guter Spaß!
Der Bauer: Ja, lebe guat' Und i erspareri a no 's — Einteeten

Unzeitgemäßes Mitleid.

Frau: Schau' diese armen Soldaten an, Karl, was die Alles bei dieser Hitze tragen müssen!

Beim Scheibenschießen.

— Infanterist Hasenbalg, Sie treffen ja nicht einmal die Scheibe!
— Weil mer is wörklich lad, Herr Hauptmannleben, üm das schöne Preis, was mer bei einer Eigetasion kann noch ganz gar brengen af a Feld.

Dehonomischer Enthusiasmus.

Nebenbeiher: Na hör'st, Spezi, wannd no a Weil' so paßh'st, so gengen Deine Klebeln auf Franzen. G'fallt Dir denn dö „Nackerei" gar so guat?
Schnabelweher: A, gar ka Spur I paßh' ja nur derentwegen so, daß 's wiederholen müaßen, und mir glei wieder a'schaun kommen.

Weiß man nicht, daß man, außer bei großer Kälte, den Mantelkragen nicht hinaufgeschlagen tragen soll?
— Sehr wohl, Herr General!
— Also warum trägt man den Mantelkragen gegen die Adjustirungsvorschrift hinaufgeschlagen?
— Um mich laut Befehl für meinen Beruf abzuhärten, Herr General!
— Man glaubt also, sich für seinen Beruf abzuhärten, wenn man sich einmummt, daß man schwitzt?!
— Ja wohl, Herr General, denn ich bin ja a Verpflegsbäck…

In einer Kravatten-Niederlage.

— Nach den G'schäften zu urtheil'n, die mir machen, dürft' m'r rein glauben, 's san d' Halsbinden ganz aus der Mod' kommen.

Humanes Interesse.

Ein Comitémitglied: Bedau're, daß die Damen so spät zum Rennen kommen, die nächsten Starts dürften kaum mehr so interessant sein.
Eine von den Damen: Ist ein Reiter gestürzt? —

Eine Billard-Partie.

I.

— Vigenz, mein'n Stöß'
— Der is beim Essen; nehmen's vielleicht derweil den Herrn von Mayer?
Na, das wird heut' wieder sauber wer'n! Verfluchte Schlamperei in dem Kaffeehaus.

II.

Ansgerl: Der Mayer hundert schiebt's! Gleich aus'n zweiten Stoß.
— Hab i's net g'sagt? I hab' halt mein' Stoß net.

Eine Billard-Partie.

III.

„Achtundsiebzig von hinten! Segn's, Herr Mayer, i hab' heut' a net mein'n Stil — aber verzeih'n man, m's't halt."
— „War sa doch nur a biserl Tram' San"

IV.

„Der Mayer Dreißig Schuß!"
— „Drawu, jangen's b. Guy aus, i noch nie — jetzt geht's aber koa' mehr an ans dem oboabaen San Nudelbuch"

Eine Billard-Partie.

V.

— Ja, wann i aber a immer entweder am Mundansah oder mitten in die Kegel heb'! Und so Schmier hab i a nit

VI.

— Der Mayer macht Achtundzwanzig laufendenn — na, aufsetzen, Mayer, aufsetzen!
— I hab' aber schon a Pampech a' Aber, meiner Seel', jetzt wird a jeder laufen!

Eine Billard-Partie.

VII.

„Wie hoch häng' ich?"
— Herr Mayer mit 365 abblast, wos an' Piesel g'is gangen, macht 64 Karam —
— „I hab' halt mei'n Koh net g'habt!"

VIII.

„Spielen Herr von Mayer noch eine Partie?
Finden's Euf a and're Wurzen! Mi sieht's unter acht Tag net wieder in dem Beis'l!
Dann bin ich so frei, Ihnen schon heute den Neujahrskalender zu präsentiren, Herr von Mayer.

Erwünschte Strafverschärfung.

— Sie werden verurtheilt zu vierzehn Tagen Arrest mit zwei Fasttagen —
— Ah, bös g'freut mi'
— Was freut Sie?
— Dö zwoa Fasttag', weil i a Stückerl an' Fisch für mein Leben gern' iß ..

— Für das Geld stell' ich Ihnen eine Dampfmaschin' mit zwölf Pferdekraft.
— Recht schön, aber net wahr, Haber Herr, Se manen solche Pferd', wie das dua'n?

Weiter hat es nichts auf sich.

Wachmann: Was gibt es denn hier?
Wirth: Ach nix! Es wird blos ein Rekruten-Verbrüderungsfest gefeiert.

Die unterschiedlichen Formen der österreichischen Offizierskappe.
(Ein Beitrag zum Modekultus beim Militär.)

Infanterie-Reserveoffizier
(Normale Kappe)

Infanterie-Stabsoffizier

Militär-Beamter

Cavallerie-Offizier

General

Cadet-Offiziersstellvertreter

Invalide

Technischer Offizier

Finanzer